ÉTUDE

SUR LE

DIALOGUE DES AVOCATS

D'ANTHOINE LOYSEL

PAR

HENRI LOUBERS

DOCTEUR EN DROIT, LICENCIÉ ÈS LETTRES

Extrait de la Conférence, journal du Jeune Barreau

PARIS

IMPRIMERIE DE V. GOUPY ET Cⁱᵉ

rue Garancière, 5.

1864

ÉTUDE

SUR LE

DIALOGUE DES AVOCATS

D'ANTHOINE LOYSEL.

PARIS. — IMP. Vve CRÉPY ET Cie, RUE GARANCIÈRE, 5.

ÉTUDE

SUR LE

DIALOGUE DES AVOCATS

D'ANTHOINE LOYSEL

PAR

HENRI LOUBERS

DOCTEUR EN DROIT, LICENCIÉ ÈS LETTRES

Extrait de la Conférence, journal du Jeune Barreau

PARIS

IMPRIMERIE DE V. GOUPY ET Cⁱᵉ

rue Garancière, 5.

1864

ÉTUDE

SUR LE

DIALOGUE DES AVOCATS

D'ANTHOINE LOYSEL

L'histoire du barreau français est peut-être trop négligée de nos jours. Les jeunes avocats ont sous les yeux tant de modèles vivants qu'ils s'inquiètent peu des modèles antiques. Et pourtant, ceux à qui nous réservons une admiration si exclusive comptent de glorieux prédécesseurs. Les noms de ces aïeux, chacun les connaît, chacun s'incline quand on les prononce; mais leurs ouvrages, on les consulte rarement. Crainte, sans doute, de manquer en y touchant au respect qui leur est dû, on les laisse volontiers dormir dans la poussière des biblitohèques. C'est à peine si parfois, lorsque l'éloquence judiciaire s'avise de prendre les allures et le tour de l'éloquence académique, — au jour des mercuriales et des discours de rentrée, — c'est à peine si l'on s'en vient, d'une main discrète et pieuse, troubler le repos de nos anciens maîtres, pour demander à leur réveil d'un jour ou d'une heure une inspiration ou un souvenir. Les orateurs illustres, que nous écoutons aujourd'hui, apportaient dans le culte de leurs devanciers moins de scrupules et p'us de curiosité. Pour eux, les annales de leur ordre n'avaient point de mystères. Ils les étudiaient à fond, tenant à savoir par eux-mêmes, ce qu'il nous suffit maintenant de connaître par ouï-dire.

Il nous a paru que notre modeste publication, *la Conférence*, trouverait dans de fréquentes excursions à travers nos vieux âges, pour le présent : une source féconde d'observations et d'études ; pour l'avenir : un heureux augure. Évoquer l'ombre de ceux qui vécurent jadis entourés d'une éclatante auréole, les ressusciter un instant dans la chaleur des entretiens ou le silence des méditations, c'est une œuvre pleine d'attraits et de promesses. La parole ou la plume viennent donner une vie nouvelle à ceux qui ne sont plus ; figures calmes et majestueuses, qui semblent sortir un instant de l'éternel repos pour payer d'un bienveillant sourire l'hommage d'un pieux souvenir.

I

C'est à la religion du passé, c'est à ce culte des souvenirs, que nous devons une des productions les plus intéressantes de la littérature juridique, au début du xvie siècle : *le Dialogue des Avocats*, d'Anthoine Loysel. Pour appeler tout de suite l'attention sur cette œuvre charmante, il suffirait de rapporter ici les lignes que lui a consacrées un de nos maîtres (1) les plus spirituels et les plus sympathiques dans une étude qu'il ne nous appartient pas de qualifier ; les suffrages qu'elle a recueillis nous imposent cette réserve. Il est inutile aussi d'insister sur les faits qui nous ont valu l'attrayante composition de Loysel ; à cet égard, je laisserai la parole à Claude Joly, qui fut le petit-fils de l'auteur, et l'éditeur de ses ouvrages :

« Au surplus, dit-il, l'occasion qui a donné lieu à ce dia-
« logue fut la division qui arriva dans le palais au mois de

(1) M. Rousse, membre du conseil de l'Ordre et ancien secrétaire de Me Chaix d'Est-Ange.

— 3 —

« may de l'année 1602, auquel temps la cour ayant résolu
« en une mercuriale de faire garder aux advocats l'art. CLXI
« de l'ordonnance de Blois, qui n'avait jamais esté observé,
« par lequel il est dit en ces termes, que les advocats et
« procureurs seront tenus de signer les délibérations, inven-
« taires et austres escritures qu'ils feront pour les parties,
« et au dessous de leur seing escrire et parapher de leur
« main ce qu'ils auront receu pour leur salaire, et ce sur
« peine de concussion. »

Jugeons de nos ancêtres d'après nous-mêmes, du temps
passé par le temps présent, et nous comprendrons sans peine
l'immense émotion que dut produire, au palais, la malen-
contreuse résurrection de cet art. 161. Assemblées des anciens, protestations des jeunes, remontrances respectueuses
et fermes, revendication énergique des prérogatives professionnelles, retraite calme et digne de l'ordre entier, tels
furent les principaux incidents de ces journées, où un trouble, judiciaire et particulier tout d'abord, faillit se changer
ensuite en sédition populaire et générale. Le cours des audiences était suspendu, les plus graves intérêts demeuraient
en souffrance, et l'on se prit à regretter l'abstention de ces
gens de robe, dont on médit si volontiers lorsqu'on n'a
point à invoquer leur appui. Le roi dut interposer son autorité. Il envoya de Poitiers, où il était alors, une déclaration
très-prudente du 25 mai 1602, et qui fut vérifiée le 3 juin
suivant. « Peu à peu, » ajoute Claude Joly, « chacun retourna
« au palais sans qu'il fust plus parlé de jugement, ni de cet
« article de l'ordonnance de Blois. » Ce n'est pourtant pas le
cas de répéter ici : *Beaucoup de bruit pour rien*, puisqu'il
nous est resté de cet incident le *Pasquier* de Loysel; c'est le
nom du dialogue dont nous nous proposons d'entretenir les
lecteurs de la Revue.

II

Disons, avant tout, quelques mots de la mise en scène et des personnages. On sait avec quel soin jaloux, avec quelle complaisance artistique, certains auteurs se sont efforcés de placer leurs interlocuteurs dans un cadre habilement enrichi. Peut-on imaginer rien de plus pittoresque, de plus poétique que les descriptions qui précèdent quelques Dialogues de Platon, pour ne prendre qu'un exemple ? Ce grand génie commença, dit-on, par faire des vers, mais la tradition qui nous l'apprend, et qui a conservé le souvenir de quelques essais perdus, ne suffirait point à consacrer sa réputation de poëte. Ses titres à ce nom glorieux se trouvent dans les pages immortelles de ses Dialogues, tableaux aux couleurs étincelantes et d'une grâce exquise. Le pinceau du sublime artiste transporte l'imagination dans des sphères lumineuses et sereines, où les bruits de la terre n'arrivent plus, comme s'il voulait élever l'âme dans des régions supérieures avant de l'initier aux entretiens des demi-dieux. Dans le *Pasquier* de Loysel, rien de semblable; rien qui vise à l'effet, rien de pompeux. Tout y est simple, sans prétention, et, pour me servir d'une expression dont on a fort abusé, je dirais volontiers que tout y sent son bourgeois. Écoutez plutôt ce début :

« Monsieur Pasquier, Conseiller et Advocat du Roi en la
« chambre des Comptes, et ancien Advocat en la Cour de
« Parlement, m'estant venu voir un dimanche du mois de
« May, de l'année 1602, nous trouva mes enfants et moi
« dans ma salle avec les sieurs de Bierne, Pithou et d'Hibou-
« viler mon neveu, aussi Advocats, qui nous avaient fait
« l'honneur de disner avec nous. Et après nous estre saluez
« et assis les uns sur le lict vert, les autres en des chaires, et
« avoir tenus quelques propos particuliers, chacun de sa dis-
« position, les paroles nous eussent manqué quasi tout aussi

« lost; n'eut été que Monsieur Pasquier vint dire : — Je vois
« bien ce que c'est, Messieurs, maintenant que les Advocats
« se sont interdits d'eux-mesmes de leurs charges, ils sont
« devenus muets. Mais en bonne foy, adjousta-t-il, que pen-
« sez-vous avoir fait par cette belle levée de boucliers, ayans
« ainsi franchement renoncé à vos chapperons, et par votre
« secession fait cesser les plaidoiries et la plus part des
« actions du Palais (1) ? »

Quelle bonhomie charmante, et comme le tableau gagne en
vérité d'observation ce qu'il perd en éclat de coloris ! Comme
la précipitation avec laquelle s'engage le dialogue, témoigne
des préoccupations qui agitent cette petite assemblée ! Voyez-
vous l'intérieur de cette salle basse par ce beau dimanche
de printemps ? La scène est composée, et n'attend plus qu'un
peintre. Rien ne manquera au sujet, ni costumes, ni ameu-
blement, ni lumière, ni variété des attitudes. Les vieux :
Anthoine Loysel et Pierre Pithou, à demi couchés sur le
grand lit aux rideaux verts; tour à tour calmes et tourmen-
tés, suivant que leurs regards se portent sur leur passé glorieux, ou sur l'avenir aux couleurs sombres ; les jeunes,
tantôt debout, tantôt assis sur les « chaires, » prodigues de
paroles et de gestes, animés, l'œil en feu, puis s'affaissant
tout à coup, comme pour se conformer aux pensées mélanco-
liques de leurs pères. Au milieu et sur le premier plan,
Etienne Pasquier souriant et railleur, jetant sur ceux qui
l'entourent un coup d'œil scrutateur et plein de finesse, mais
ne parvenant qu'avec peine à ramener un peu de sérénité
sur les fronts de ses hôtes. C'est qu'ils viennent d'être frap-
pés au cœur, ces membres d'une famille non moins irri-
table que celle des poëtes. Ce n'est point d'aujourd'hui
seulement qu'elle se montre jalouse de ses priviléges. De
toutes ses traditions, la plus fidèlement conservée, c'est

(1) Tous les passages entre guillemets sont extraits du *Dialogue*, édition
Camus.

un profond sentiment de dignité professionnelle, et des exemples, heureusement assez rares, témoignent que, de nos jours encore, les avocats n'ont point oublié la route qui conduit au mont Sacré (1). Mais l'inaction forcée contraste péniblement avec l'agitation quotidienne du prétoire, avec les émotions enivrantes d'une carrière librement choisie. Orateurs politiques arrachés au forum ou à la tribune, avocats éloignés de la barre, maîtres enlevés à vos chaires, qui dira vos tristesses et vos regrets empreints d'une noble mélancolie? C'est vous que j'en atteste, harmonieux échos des villas romaines! plaintes éloquentes et grandioses, qui nous montrez le génie oratoire survivant à lui-même, et trouvant dans une retraite tyranniquement imposée une heureuse occasion de nouveaux triomphes. Durant ces loisirs, l'âme se recueille, et l'on se plaît à fuir vers le passé, pour y chercher dans les beaux exemples et les traditions glorieuses, enseignements et consolations. Ainsi firent en 1602 ces avocats du Parlement réunis chez Anthoine Loysel. Comme s'ils devaient trouver dans la constatation de leurs titres de noblesse un adoucissement aux coups de la fortune, rendez-vous fut pris pour le dimanche suivant, chez Etienne Pasquier, afin de parcourir avec cet illustre guide la galerie des aïeux. Je passe rapidement sur tous les préambules du Dialogue. Le caractère de chaque interlocuteur s'y dessine tout d'abord. On rencontre dans ces premières pages d'excellentes considérations sur la vénalité des offices, et parfois, un heureux souvenir de ces accents émus qui s'échappaient, quinze siècles auparavant, des lèvres d'Aper ou de Messala, sur la décadence de l'art oratoire.

III

Au jour indiqué, nul ne manquait au rendez-vous; on se réunit à « une heure de relevée au logis de M. Pasquier où

(1) Voy. l'Étude de M. Rousse.

« l'on trouva la salle préparée de chaires. » Plongé dans ses méditations, l'hôte se fit attendre. « Il demeura longuement « en haut enfermé dans sa chambre, n'en pouvant quasi sor- « tir, quoique son homme de chambre l'eust adverti par deux « fois que la compagnie estait en bas..... Finalement, estant « descendu et ayant salué la compagnie, et pris sa place en la « chaire du bout d'en haut, qui lui avait esté laissée » il dé- buta simplement, et, comme on dit, sans précautions ora- toires. C'est ainsi que Cicéron, avec plus d'atticisme peut-être et moins de naturel, avec plus de grâce apprêtée et moins de bonhomie, s'était décidé sous les ombrages de Tusculum à retracer devant ses intimes l'histoire de l'éloquence ro-maine. Si je rappelle ce souvenir, ce n'est point pour faire un oiseux rapprochement ; mais la marche du *Pasquier* pré-sente une si grande analogie avec celle du *Brutus*, que l'as-similation entre les deux Dialogues est toute naturelle. Claude Joly l'avait déjà faite en publiant les opuscules de son grand-père. Pas plus que Cicéron, Pasquier ne se propose de re-monter à ces âges primitifs où l'éloquence est plutôt un instinct qu'un art, où elle procède par inspirations irréflé-chies et par élans soudains, plutôt qu'elle n'est le résultat de savantes méditations. Mais, chez l'avocat au parlement, comme chez l'Orateur romain, on retrouve un égal sentiment de légitime orgueil et de fierté patriotique. Je ne résisterai point ici au plaisir de laisser un instant la parole au pre-mier :

« Je ne puis me persuader, s'écrie-t-il, qu'il n'y ait eu tou- « siours en nostre France quelque art oratoire ou d'éloquence, « aussi bien qu'en l'ancienne Gaule, tant célébrée pour ce re- « gard par les Romains. Car nous sommes le mesme peuple « que nous estions, sous le mesme ciel et climat, et sur la « mesme terre qu'estaient nos ancestres. J'entends de l'élc- « quence dont parlait Caton, il y a près de deux mille ans, « quand il disait que les Gaulois s'estudiaient principalement

« à deux choses, au faict de la guerre et à parler subtilement :
« *rei militari et argute loqui.*

Quoi qu'il en soit de cette éloquence, Pasquier, après de
courtes prétéritions sur l'origine des Parlements, se déter-
mine à commencer l'histoire des avocats, au temps de Philippe le Bel, lorsque le Parlement de Paris « fut réglé et ar-
rêté, » c'est-à-dire, lorsque l'ordonnance de 1302 l'eut rendu
sédentaire. Ce n'est pas qu'avant cette époque, la justice se
fût poursuivie sans l'assistance et le conseil de ses ministres,
dont les « advocats sont les principaux et de faict, » continue
le savant interlocuteur, « vous voyez qu'il en est fait mention
en trois ou quatre lieux des Capitulaires de Charlemagne. »

« Ne les prenez pas par là, » fait observer Pithou, « car
« ceux qui y sont nommés *Advocati* ne sont pas nos Advo-
« cats; mais ce sont ceux que nous appelons Aduoyers ou
« Advoüés, Procureurs et défenseurs des Ecclésiastiques ou
« des communautés. Les Advocats y sont plutost nommez
« *Clamatores* de *Clamor* ou de *Clain*, qui est à dire Procèz
« ou Plaid; lesquels on a nommé *Emparliers, Conteurs.*
« *Plaideurs*, et quelquefois *Docteurs* ou *Chevaliers de loi,*
« ou *de loix.* » Cette dernière qualification n'est-elle pas bien
trouvée? Les autres expressions me paraissent plus mal son-
nantes; et qui voudrait médire des avocats, — le fait n'est
point inouï, — pourrait trouver dans la remarque de Pithou
le texte d'une mordante paraphrase.

IV

Le premier procès civil, dont il soit question dans le *Dialogue des avocats*, est un de ceux qui ont toujours eu le
privilége d'exciter au plus haut degré la curiosité publique,
même quand les parties en causes sont moins illustres :

Le scandale est de mode et se relie en veau.

Je veux parler d'une demande en nullité de mariage, intentée contre sa femme par un illustre client, par le roi de France lui-même, Philippe premier de ce nom. La cause était délicate et compliquée; il s'agissait non-seulement de répudier Berthe, fille du comte de Hollande Florent Ier, mais surtout, de retenir Bertrade, femme de Foulques, comte d'Anjou. Un avocat se présenta subitement pour défendre ce dernier contre l'usurpation royale; il plaida si bien, que le « Roy fut esmeu de reprendre sa première femme, et d'abandonner l'autre comme sa concubine. » Il est regrettable que l'histoire ne nous ait pas conservé le nom de ce hardi improvisateur. Contrarier la passion d'un souverain, c'est un grand acte de courage civil; le ramener au sentiment du devoir, c'est un des plus beaux triomphes de l'éloquence. Chevalier des lois et de la morale, que ne naissiez-vous quelques siècles plus tard, pour venir affronter à Versailles l'éclat redoutable du roi-soleil?

Je dois ajouter que cette charmante anecdote rappelée par le fils aîné de Loysel, d'après l'Inventaire de Serres, ne trouve point grâce devant l'érudition critique de Pasquier. Il prend un malin plaisir à la révoquer en doute, à la mettre au rang des légendes; et comme s'il voulait faire expier à Serres l'imprudence de son récit, il lui lance au passage un trait qu'il s'efforce de rendre piquant; il conclut qu'il y a beaucoup d'autres choses en son Inventaire, qu'il ne faut croire que sous bénéfice d'inventaire. Pardonnons à un homme du métier ce jeu de mots juridique. Cicéron, que Pasquier avait pris pour modèle, s'était permis bien d'autres licences; mais le latin brave parfois aussi bien le mauvais goût que l'honnêteté.

<h2 style="text-align:center">V</h2>

Le fils d'Antoine Loysel veut du moins que la noblesse de son Ordre soit aussi vieille qu'illustre. Il demande à compter parmi ses ancêtres Pierre Defontaines qui est bien connu, et

Guy Foucault, natif de Saint-Gilles vers Narbonne. Je comprends, d'ailleurs, que l'on soit flatté de ranger ce dernier parmi ceux qui portèrent la toge, puisqu'il était destiné à porter un jour la tiare. On a beaucoup parlé, de notre temps, et non sans une certaine aigreur, de ce que l'on a nommé le règne des avocats. Était-ce bien la peine, en vérité, de leur reprocher une ambition qui, de nos jours, n'a guère eu d'autre objet que le siége des hautes magistratures, ou le portefeuille d'un ministère, quand on songe, que l'un des nôtres « ayant esté premièrement Advocat en Parlement, fut « fait Évesque du Puy en Auvergne, puis Archevesque de « Narbonne et Évesque de Saincte-Sabine, et encore Cardinal, « et finalement Pape de Rome nommé Clément IV, du temps « de nostre sainct Louis ? »

Mais l'éclat de cette élévation ne saurait éblouir Pierre Pasquier. Descendant des légistes, gallican d'une trempe vigoureuse, il réserve ses prédilections pour des illustrations d'un ordre tout opposé.

Pour rendre le contraste plus frappant et l'antithèse plus marquée, savez-vous quel est celui qu'il propose de substituer à Clément IV, comme « conducteur et capitaine des avocats ? » C'est l'adversaire de Pierre du Roger à l'Assemblée de Vincennes, le promoteur des appels comme d'abus, Pierre de Cugnères enfin ; ce nom dit tout par lui-même. « C'est par adventure, » s'écrie Pasquier, avec une sorte d'enthousiasme, « un des plus vertueux et des plus sages Personnages que la « France ait produits, et duquel la mémoire vous doit estre « chèrement recommandée, comme estant celuy qui le pre- « mier s'enhardit d'entreprendre la défense des droits du « Roy et des barons du Royaume, contre les entreprises et « usurpations que faisaient les Ecclésiastiques sur les sub- « jets par tant d'inventions, de citations, monitions, censures « et excommunications contre les personnes layes, qu'il n'y « avait homme durant sa vie ou après sa mort, qui s'en pust

« exempter. » Après tout, comme les gallicans de cette époque savaient allier leurs convictions avec une vénération
profonde pour le saint-siége, Pasquier n'hésite point à
sacrifier le légiste au pape, et à prendre Clément IV pour
patron : « qui serait encore, dit-il, un plus grand honneur à
« nostre Ordre, d'avoir pour chef celuy qui est monté au
« premier degré de la chrétienté. »

VI

Mais Pithou, de faire observer que l'on remonte bien haut,
« en nommant des Advocats du Parlement dès le temps du
« roi sainct Louis, trois cens ans il y a, et plus. » Et Pasquier
de s'excuser d'avoir dressé la liste des avocats de ce premier
siècle, sur le petit nombre des noms qu'elle devrait comprendre. Puis, avec cette érudition qui donnait tant d'autorité à sa parole, il indique rapidement les causes de cette
rareté des défenseurs laïques, à savoir : le privilége de ju-
dicature et le duel judiciaire. C'était l'époque où l'on avait
plus besoin de champions aux Plaids que d'avocats; sous
l'empire de la force matérielle, le rôle de ces derniers s'a-
moindrit et s'efface. Au moment où nous écrivons ces lignes,
il nous semble encore entendre les magnifiques paroles que
nous adressait, en nous faisant ses adieux, à nous ses jeunes
confrères, un avocat illustre et vénéré (1), lorsqu'il s'écriait
d'une voix émue et vibrante : « Depuis le jour où la
« force matérielle a fait attacher sur la tribune aux haran-
« gues la tête et les mains du plus grand de nos devanciers,
« il s'est établi entre la force et nous une lutte devant la
« quelle le barreau ne doit jamais reculer. »

On nous pardonnera d'avoir rappelé ce souvenir tout récent, et d'avoir substitué ce trait d'éloquence à la savante
dissertation des hôtes de Pasquier sur le duel judiciaire. Le

(1) M. Dufaure, bâtonnier sortant.

Dialogue perd en intérêt et en rapidité, dans cette digression, ce que l'érudition y gagne en détails curieux, et j'approuve fort la réflexion de Loysel lorsqu'il ramène au fait les interlocuteurs qui s'en étaient un moment éloignés. « Il me semble, » dit-il avec simplicité, « que c'est assez parler de nos duels ; je vous prie, revenons à nos advocats, qui est ce qui nous a icy assemblez. » Et, comme s'il voulait excuser sa franchise, en payant de sa personne, il se charge de nous faire connaître, par un des traits les plus mémorables de sa vie judiciaire, Yves de Kaermartin, contemporain de Philippe le Bel. Cet avocat, d'une vertu singulière, exerçait sa profession par charité ; fait inouï qui lui valut les honneurs de la canonisation. C'est ce saint personnage qui se présentait d'ordinaire dans l'intérêt des veuves, orphelins et autres personnes misérables. De là vient peut-être la qualification si souvent donnée depuis saint Yves à ses successeurs, surtout quand ils débutent, sans doute à cause du désintéressement avec lequel ils exercent leur ministère. Je voudrais redire ici l'anecdote qui fut si merveilleusement racontée par Loysel, et qui fait autant d'honneur à la pieuse générosité du saint qu'à l'habileté de l'avocat breton. Mais un compatriote de ce dernier, notre chroniqueur Modestin, m'a prévenu dans sa dernière Causerie, et je trouverais périlleux de narrer après lui.

VII

Sous les trois fils de Philippe le Bel, les études juridiques, plus encore que l'éloquence judiciaire, prirent un nouvel essor. Signalons cependant, sous Louis le Hutin, le célèbre procès fait, au bois de Vincennes, à ce malheureux Enguerrand de Marigny, sur lequel un de nos confrères (1) publia l'an dernier une savante notice. Mais à cette époque où les passions politiques étaient assez fortes, assez puissantes pour obtenir

____

(1) M. Paul Simian, aujourd'hui substitut à Libourne.

des accusations calomnieuses et la mort d'un innocent, il est beau de voir la justice civile pousser l'intégrité jusqu'au rigorisme, de voir une compagnie judiciaire sacrifier un de ses membres « pour s'estre mal conduit en la confection d'une enqueste et falsifié la déposition de quelques témoins. »

Contraste douloureux et consolant à la fois entre les causes civiles et les causes politiques! il montre combien les hommes, livrés aux seules inspirations de leur conscience, savent se montrer jaloux de leur réputation et de leur honneur, et comment cette conscience se trouble et s'égare au souffle des passions ambitieuses, sous l'empire d'une crainte servile ou d'une basse adulation. Certes, ces vieux parlementaires qui venaient de traverser le xvie siècle, pouvaient trouver, dans le rapprochement de ces deux faits, sujet à des réflexions amères et à d'éclatantes diatribes. L'Orateur romain ne les eût point ménagées ; mais le génie français procède avec plus de simplicité ; à la place du lambeau de pourpre, il nous donne un bon conseil de morale pratique et professionnelle. La sérénité de ces vieillards a quelque chose de touchant et d'enchanteur. On doit recueillir avec vénération les belles paroles qui tombent de leurs lèvres :

« Remarquez cet exemple, disent-ils, vous autres jeunes
« gens, et non-seulement ceux d'entre vous qui sont ou désirent
« estre Conseillers et Officiers du Roy, mais aussi ceux qui
« doivent demeurer Aduocats ; et vous souuenez de con-
« seruer et transmettre à vos successeurs l'honneur que vos
« anciens vous ont acquis, d'estre fidels en la communication
« de vos sacs, sans y rien receler, déguiser ny retenir, qui
« seraient autant d'espèces de fausseté. » — C'est à la vérité un grand honneur, reprit M. Pasquier, « que les Aduocats de cette
« Cour méritent par-dessus ceux des autres parlements et
« compagnies souveraines, lesquels ne se communiquent
« leurs pièces que par inventaires, comme se défiant les

« uns des autres; au lieu qu'en ce parlement les Aduocats
« s'entrecommuniquant leurs pièces, s'en reposent absolu-
« lument sur leur simple foy : et il n'en est point encore
« iamais aduenu faute. »

Cette page ne semble-t-elle pas écrite d'hier? Conseil et
réflexion sont encore aujourd'hui pleins d'à-propos et de
vérité. Nos maîtres vieillis dans l'exercice d'une profession
dont ils sont la gloire, n'eussent point dit autrement dans les
réunions périodiques de leurs jeunes confrères.

Je passe rapidement avec les hôtes de Pasquier sur les
avocats du temps de Philippe de Valois et du roi Jean, tels
que Celo, Jean de Saint-Germain, Hugues de Fabrefort. Ce
dernier plaidant une cause de duel faillit éprouver une mésa-
venture analogue à celle de ce rhéteur de Novare, de ce Caïus
Albutius Silus dont Suétone nous a conservé la plaisante
histoire. Par suite d'une habitude consacrée au barreau,
et qui consiste à s'identifier avec la partie dont on représente
les intérêts, Fabrefort avait proposé de faire la preuve « par
« son corps en champ de bataille, sans dire expressément
« que la preuve s'en ferait par le combat de sa partie, il fut
« en danger d'entrer luy-mesme en combat et mocqué par
« la compagnie; tant on estait formaliste en telles causes. »

On dirait que, par une attention touchante, Pasquier
voulût faire diversion aux sombres pensées de ses auditeurs,
en s'efforçant de donner à son récit un tour enjoué. Philippe
de Valois! le roi Jean! que de souvenirs douloureux ces
noms ne rappellent-ils pas? Mais l'historien moraliste savait
que le sourire est aussi communicatif que la douleur, et il
s'efforçait de conjurer l'une en répandant les grâces de
l'autre sur sa parole.

VIII

Cependant Charles V monte sur le trône en 1364, et « la
« justice commence à bon escient à reprendre sa vigueur

et à régner plus que devant. » Le nombre de ses auxiliaires s'accroît de jour en jour, et une ordonnance vient mesurer le temps pendant lequel les avocats auront le droit de porter la parole, en raison du nombre, toujours plus considérable de ceux qui aspirent à cet honneur. Il est décidé, de par le roi, « que les advocats seront brefs en leurs plai- « doyers et écritures ; qu'ils n'useront de redites, qu'ils ne « parleront que deux fois, sçavoir est en réplique et duplique « après leur premier plaidoyer. » Suivent d'autres disposi- tions relatives au montant des honoraires : question délicate et brûlante, dans tous les temps, et à laquelle aucun règle- ment ne devrait jamais toucher. Que chacun regarde autour de lui-même et consulte sa propre expérience. L'opinion pu- blique n'est-elle pas une garantie puissante contre les tenta- tions d'un talent mercenaire, une sanction efficace contre ses faiblesses ?

Jean des Mares et Pierre de Fontebrac nous sont présen- tés comme les deux grands avocats de cette époque ; le pre- mier fut en même temps un grand caractère. Son nom veut une mention spéciale, et son oraison funèbre peut s'écrire en deux mots : il paya de sa vie la franchise de ses paroles et les hardiesses de son éloquence ; les grands se coalisèrent pour l'écraser. Mais, quelques années après sa mort, le Par- lement rendait un solennel hommage à sa mémoire. « Ses os, » nous dit Pasquier, « furent enterrez en l'église Saincte- « Catherine du Val des Escholiers avec son espouse, où sont « encores de présent leurs effigies relevées en bosse à la « main gauche du chœur. » Ainsi, Jean des Mares dut des- cendre sans regrets et dormir en paix dans la tombe, malgré l'immensité de ses infortunes, malgré l'iniquité de ses con- temporains. La conscience d'un grand devoir rempli le ven- geait de l'une, l'empressement de la postérité devait le ven- ger de l'autre.

D'après les interlocuteurs du *Dialogue*, la justice divine se serait chargée de venger elle-même les vassaux du duc de Bourgogne des exactions commises par Raulin, un avocat célèbre, dont le duc avait fait son chancelier. La fortune de ce chevalier des lois devint proverbiale, et quels moyens ne dut-il pas employer pour la grossir! Le scandale devint tel, que le duc lui-même s'en aperçut et se vit obligé de dire à son favori : « C'est trop Raulin! » Deux siècles plus tard, le souvenir de ces faits n'était pas encore perdu, et le chancelier de L'Hôpital s'écriait dans une de ses harangues « *qu'il aymerait mieux la pauvreté du Président de la Vacquerie, que d'avoir les biens du chancelier Raulin.* » Ainsi se perpétue dans la mémoire des hommes le souvenir de leurs vertus et de leurs faiblesses; qu'une bouche éloquente, qu'une voix honnête exalte les unes, ou flétrisse les autres, c'en est fait; le témoignage est rendu, l'histoire n'a plus qu'à juger.

IX

Mais, tandis que Raulin déshonorait chez le duc de Bourgogne son ministère et sa mémoire, un autre avocat au parlement s'élevait, chez le roi de France, aux plus hautes dignités, et immortalisait le nom de Juvénal des Ursins. Ce n'est point ici le lieu de redire sa prudence, son éloquence, son courage et la dextérité de son esprit. Quels services ne rendit-il pas au royaume! L'histoire s'en souviendra toujours, et le barreau ne doit pas oublier qu'un tel homme était sorti de ses rangs. Pasquier n'en parle qu'avec la vénération due à un grand citoyen, et quand il rappelle que Juvénal des Ursins faillit périr, comme Jean des Mares, victime de son dévoûment à la cause publique, son langage prend tout à coup de l'élévation et de l'ampleur. Des noms infortunés et glorieux se pressent sur ses lèvres, et des ombres illustres viennent se dresser dans la salle : Socrate, Marc Antoine l'orateur, Cicéron, Papinien! Pasquier semble s'inspirer de leur présence et leur souffle animait ses derniers accents :

« Non, mes Enfants, non, il ne faut point faire seulement
« estat de la vertu pour les bonnes rencontres qui en arri-
« vent, mais il la faut cultiver, principalement à cause d'elle
« mesme, quoy que souvent elle soit accompagnée ou suivie
« d'accidents mal fortunez selon l'opinion du vulgaire, mais
« honorables, quand l'innocence et la bonne vie sont connûes
« de tous, et principalement de Dieu qui est le iuste juge de
« nos actions. »

Cependant le soir était venu, et ces paroles prononcées d'une voix grave et douce durent jeter l'auditoire dans cet état de méditation rêveuse que l'approche de la nuit favorise si bien. A une longue attention succéda un pieux recueillement. Si la réunion suivante fut fixée avec cette simplicité qui avait marqué la première entrevue, cette fois les hôtes de Pasquier traversèrent les rues silencieuses de la grande ville, l'esprit apaisé, le cœur rafraîchi. Merveilleux effet de la parole humaine! de nobles pensées revêtues d'un beau langage suffisent pour consoler toutes les afflictions, pour guérir toutes les blessures de l'âme.

X

Huit jours s'écoulèrent après ce premier entretien. Cependant, Pasquier se recueillait et revoyait ses mémoires. Quant à ses auditeurs, ils préludaient par des retours vers la première conférence aux jouissances de la seconde. Celle-ci promettait encore plus d'intérêt que la précédente. Cette fois, l'annaliste devait parler, non plus d'après la tradition, mais d'après son propre témoignage. Les hommes dont il allait prononcer le nom, il les avait vus à ses côtés, il avait partagé leurs travaux, leurs luttes, leurs émotions, leurs triomphes; en un mot, il avait vécu de leur vie. Aussi, devait-il ajouter

2

aux qualités habituelles de son récit, ce charme et cette autorité qu'emprunte la parole à la précision des souvenirs
personnels. Enfin, le samedi suivant, il pria ses hôtes à dîner
pour le lendemain ; cette invitation fut accueillie avec autant
de bonheur qu'elle avait été attendue avec impatience. Mal-
heureusement, A. Loysel « s'était trouvé mal les jours pré-
« cédents ; les médecins lui avaient fait prendre médecine ce
« jour là, et lui avaient défendu de sortir de deux jours : ce
« qui fut cause qu'il fut obligé de garder la maison, la mati-
« née du dimanche, sans pouvoir se trouver avec les autres. »
C'est lui-même qui nous donne ces détails, et la naïveté avec
laquelle il les présente, les pare d'un certain attrait ; tant la
simplicité a de grâce ! La maladie de Loysel n'était point
grave d'ailleurs ; les médecins l'avaient engagé à garder la
chambre, mais non point la diète ; il allait donc se mettre à
table, quand un de ses fils vint lui conter ce qui s'était passé
chez Pasquier. La séance devait y durer la journée tout
entière, car l'espace était long à parcourir, depuis le temps
de Charles VII, jusqu'au règne de Henri IV. Dans la matinée,
on avait esquissé à grands traits l'histoire judiciaire jusqu'à
François I". Le savant conseiller avait rapporté ce trait, que
les journaux anecdotiques nous rappelaient récemment, à
l'occasion du voyage que faisait chez nous un prince es-
pagnol. Décrivant les fêtes qui se célébraient en l'honneur
de ce dernier, un chroniqueur, en veine d'érudition, racontait
qu'un roi de Portugal étant venu jadis à Paris, on l'avait
conduit, pour charmer ses loisirs, au palais de justice, entendre deux avocats distingués. Pasquier nous a conservé
leur nom : c'étaient MM" Haslé et Bréban, l'un, archidiacre
de Paris, l'autre, curé de Saint-Eustache, qui plaidèrent une
régale.

Et cela se passait dans des temps très anciens.

Aujourd'hui, les souverains ont d'autres prédilections, et

semblent préférer les mélodies de Rossini ou d'Auber aux paroles d'or de Jules Favre ou de Lachaud.

XI

Du reste, comme tout récit qui passe par une seconde bouche, et qui cherche plutôt à renseigner qu'à plaire, le compte-rendu transmis par Guy Loysel à son père n'était qu'un simple procès-verbal. Mais, à travers ces quelques phrases, on peut néanmoins découvrir quel fut, dans la matinée du dimanche, le principal sujet de conversation chez Pasquier. C'était toujours la même préoccupation chez ces hommes du xvie siècle, chez ces contemporains de l'ordonnance de Roussillon : la prédominance du pouvoir civil sur la juridiction ecclésiastique ; c'était toujours cet esprit de lutte qui, depuis le commencement du xive siècle, animait contre cette dernière, l'Université, les parlements, les gens du Roi. On s'était donc entretenu de la grande institution qui marqua le règne de Charles VII : la Pragmatique-Sanction ; des hommes qui l'avaient préparée, et de ceux qui l'avaient défendue. Parmi ces derniers, une mention toute spéciale fut réservée au procureur général de Saint-Romain. L'auteur de l'*Histoire de Louis XI* nous a conservé la belle réponse de ce magistrat au légat du pape qui le menaçait de destitution : « Je suis tout délibéré, lui dit-il, et bien résolu de tout per- « dre, avant que de faire chose qui soit contre mon âme, ne « dommage au royaume de France et à la chose publique. » Puis vint le tour de ceux qui s'opposèrent à la publication du Concordat, MM. Jean le Lièvre, Guillaume Roger ; et ce Jean Bouchard qui, vers cette époque, « plaida si vertueuse- « ment la cause de l'Université de Paris et des Églises du « royaume, qu'il en fut envoyé prisonnier au Louvre, avec « un si grand honneur, que sa postérité s'en ressent encore « aujourd'huy. » Expressions heureuses, qui montrent bien l'inanité des efforts tentés par les puissants contre l'indépendance de la parole ou de la pensée ! Les peines infamantes, dont ils poursuivent cette indépendance, deviennent des titres de noblesse, même pour les derniers descendants des victimes. Les hôtes de Pasquier saluèrent, en outre, au passage, ainsi qu'il le méritait, celui qui le premier apporta, dit-on, les bonnes lettres au barreau. C'était un avocat appelé Dix-Hommes, sur le nom duquel la reine de Navarre ne craignit point de hasarder un jeu de mots si puéril qu'il ne vaut guère la peine de le rapporter ici. Enfin, l'on avait dit quelques mots « de la grande et célèbre plaidoirie qui fut faite en la cause de madame la Régente, mère du roy François, contre feu monsieur de Bourbon, connestable de France. »

Là-dessus, Guy Loysel précipitant son récit, abrége sa narration, et prévient son père qu'il s'en retourne incontinent chez Pasquier, pour entendre l'histoire contemporaine du barreau français. Anthoine Loysel n'y tient plus ; en dépit du conseil des médecins, il suit son fils et il trouve la compagnie assemblée dans la salle, au moment où Pasquier reprenait la parole.

On ne saurait croire combien la scène, que je viens de décrire succinctement, donne à la composition d'Anthoine Loysel de vraisemblance, de naturel et de vie. Pourquoi faut-il qu'un érudit indiscret — l'érudition est sans pitié — soit venu nous apprendre que Loysel n'avait point été malade, que son fils n'était point revenu de chez Pasquier, que tout n'était que fiction, dans le récit précédent ? « En cette « seconde conférence, » dit Claude Jolly, « l'autheur n'a fait « que passer légèrement par-dessus les principalles actions « des Aduocats qui y sont nommez ; ce qu'il a fait industrieu- « sement et à dessein, pour ne pas faire répéter à M. Pasquier « en ce Dialogue, toutes les particularitez qu'il avait desia « dites du Parlement et des Aduocats, en divers endroits

« dans ses Recherches, et particulièrement aux chap. 2,
« 3 et 4, du II liv. et aussi dans ses lettres. »

Nous avons cru devoir reproduire textuellement cette note
confidentielle, pour laisser à son auteur tout le mérite de sa
bonne foi presque naïve. Et, puisque Cicéron, Pasquier et
Marguerite de Navarre se permettaient parfois de méchants
jeux de mots, que l'on nous permette, à notre tour, autorisé
par ces illustres exemples, de dire qu'il nous répugnait de
nous faire les complices de cette indiscrétion, et que nous
avons préféré laisser l'éditeur responsable. Mais nous sommes impatients d'entendre encore Pasquier.

<h2 style="text-align:center">XII</h2>

Celui-ci était entré au palais en 1549, dans les premières
années du règne de Henri II. « L'Estat d'Advocat, » nous dit-
il, « estait principalement en honneur, comme estant l'eschelle
« par laquelle on montait aux plus grands Estats et Dignitez
« du Royaume. » De nos jours, comme au XVIᵉ siècle, nous
voyons, et nous avons vu, surtout, le barreau fournir à
la couronne ses conseillers, à la magistrature ses plus dignes
représentants. Pasquier semblait heureux de redire les noms
diversement mémorables de tous ces chanceliers, présidents
et avocats du roi, qui furent d'abord avocats des parties :
François Olivier, Anthoine du Prat, Guillaume Poyet, François de Monthelon et Pierre Lizet. Puis cet infortuné messire
Anthoine Minard, qui fut tué en 1559 au retour du palais. On
sait qu'à la suite de cet événement fut rendue l'ordonnance,
appelée depuis *la Minarde*, qui prescrivait de lever les audiences et de quitter le palais à quatre heures du soir en
hiver. Il va sans dire que les dispositions de cette ordonnance sont tombées depuis longtemps en désuétude. Citons
encore Gabriel Marilhac, dont parle avec éloges Guy Coquille, dans ses Commentaires sur la coutume de Nivernais,

où il rapporte une de ses maximes : « Et comme disait ce
« très sçauant, et très homme de bien, M. Gabriel Marilhac,
« Aduocat du Roy en Parlement, bon Régent des ieunes Ad-
« uocats qui assistoient aux plaidoiries dudit Parlement :
« *Tout dol mérite punition extraordinaire et corporelle en*
« *France, ores qu'il en soit traité en matière ciuile.* »

« Bref, » ajouta Pasquier, « L'Estat d'Aduocat estait alors
« si honorable, que toute la ieunesse la mieux instruite, voire
« des meilleures maisons de la ville, tendait à faire montre
« de son esprit en celte charge, avant que de se mettre aux
« offices de Conseillers ou autres. Et n'y avait quasi que
« ceux qui se deffiaient de leur industrie et capacité qui en
« acheptassent. » Cette défiance de soi-même est encore plus
commune aujourd'hui qu'autrefois, et parmi ceux qui se
livrent aux études juridiques, le plus petit nombre persiste
à rester au barreau. Ce fait d'observation constante pourrait
s'expliquer par une foule de raisons probables, mais ce n'est
point le cas de les développer ici. Mieux vaut suivre Pasquier,
promenant ses hôtes à travers les années de sa jeunesse et
de ses débuts ; ces années, où, dans notre profession, l'on
agit peu, l'on observe beaucoup, et l'on recueille des enseignements pour la maturité de l'âge, des souvenirs pour
son déclin.

XIII

Or, en 1549, le premier rôle des avocats consultants était
occupé par Matthieu Chartier. Il n'allait plus guère au palais, dit M. Pasquier, mais le palais allait chez lui. Mission
vraiment imposante et glorieuse que celle de ces pontifes du
droit, comme ne craignait point de les appeler jadis Ulpien,
surtout quand un beau caractère venait chez eux rehausser
une profonde érudition ! Tel fut Matthieu Chartier : « Car il
« estait comme l'oracle de la ville, à cause tant de son sçauoir,
« expérience et long usage, que de sa preud'hommie et in-

« tégrité de sa vie. » Comme son contemporain, Guy Coquille, il donnait aux pauvres une partie du gain que lui valait sa profession, et sa charité était aussi étendue que ses connaissances. Pour lui, acquérir la fortune n'était qu'un moyen de la répandre en pieuses largesses, et les joies de la science n'étaient qu'un acheminement aux douceurs de l'aumône. Douceurs ineffables, que redisait naguère, dans un magique langage, devant une grande assemblée captivée par sa parole, un orateur illustre (1) que le barreau prépara pour la tribune !

Nous n'avons pas l'intention de reproduire ici tous les noms que rappela Pasquier, en dressant la longue liste de ses contemporains. Le nom seul, quand on a connu celui qu'il désigne, présente un vif intérêt, parce qu'il fait reparaître, un instant, la figure de l'homme qui le porta. Mais, quand le nom n'éveille aucun souvenir, lorsqu'il n'est plus qu'un assemblage de lettres mortes, on l'accueille avec indifférence, et l'oubli est prompt à l'emporter. Ainsi, tel est ravi, tel reste froid et insensible, en présence des mêmes lieux, des mêmes objets inanimés, suivant que la pensée humaine leur prête, ou leur refuse une signification et un langage. Arrêtons-nous donc seulement, avec l'annaliste, sur les noms qu'il distingue dans la foule, puisque nous ne pouvons plus éprouver aujourd'hui, pour la mémoire des autres, ce sentiment de piété confraternelle qui inspirait le narrateur, et qu'il communiquait à son auditoire. Mais nous devons, avant tout, réparer un oubli et faire quelques pas en arrière. Pour soulager sa mémoire et l'esprit de ses hôtes, Pasquier s'était proposé de diviser en trois classes les avocats dont il allait parler: ceux qui étaient au palais, lorsqu'il prêta serment; ceux qui y vinrent de son temps; ceux qui furent reçus depuis sa retraite. Nous aurions mauvaise grâce à ne point suivre cette

(1) M. Émile Ollivier, dans la vérification des pouvoirs.

division, et, puisque Pasquier nous donne lui-même l'exemple
de la méthode, épuisons d'abord la partie historique de son
récit, afin de terminer par les observations dogmatiques
et les conseils dont il le fit suivre. Nous y joindrons les
réflexions personnelles que nous aura inspirées l'Étude du
Dialogue des Avocats.

XIV

Comme Mathieu Chartier, les trois Brulart appartenaient
à la première classe; l'un d'eux, Noël, devint un procureur
général distingué, « digne de servir d'exemple et de patron à
« tous ses successeurs; » un autre, Pierre, fut pourvu d'un
office de président; le troisième enfin, Brulart de Sillery,
joua un rôle politique, et fut nommé chancelier en 1607. Ce
fut Pierre Brulart qui plaida contre M⁰ des Ombres, avant de
quitter la barre pour le fauteuil de président, la cause célèbre
du *Te Deum laudamus*. Laissons à Pasquier le soin de faire
l'exposé des faits :

« Un chanoine de Chartres avait ordonné, par son testa-
« ment, qu'on chantast le *Te Deum* en l'Église, au iour et
« heure de son enterrement. Ce que l'Euesque Guillard trouua
« non seulement nouueau, mais encore si scandaleux, qu'on
« lui refusa ce qu'il désirait, alleguant que c'estait un hymne
« de resioüissance, non conuenable au service des tres-
« passez. » L'affaire fut portée devant les tribunaux, où Mon-
seigneur de Chartres se vit obligé de compter avec le talent
de Pierre Brulart. Celui-ci s'empara de l'hymne, en parcourut
tous les versets, les orna de commentaires, et finit par montrer que le chant, dont on voulait interdire l'exécution, con-
tenait une prière formelle pour les défunts: *Te ergo quæsu-
mus, famulis tuis subveni, quos pretioso sanguine redemisti.
Æterna fac cum Sanctis tuis gloria numerari.* «Le testament
« et le *Te Deum* ordonnés par icelui furent confirmez par ar-

rêt. » C'est qu'il faut bien, en de pareils débats, se garder de
la précipitation des jugements; il faut éviter de confondre l'o-
riginalité, la bizarrerie, les travers même, avec l'insanité d'esprit. Écoutez plutôt, avant de vous prononcer, une savante
parole, et voyez comment, à force d'érudition , de sagacité,
de verve et de malice, on restitue aux faits leur véritable caractère, aux principes, leur véritable sens. Faut-il rappeler ici
le souvenir d'un procès tout récent encore, et le nom du merveilleux avocat qui doit y demeurer désormais attaché? On
sait toutes les fantaisies , tous les caprices de ce célibataire
vieux, noble, et ornithologiste passionné. Me Léon Duval sut
les placer sous un jour si favorable, que deux juridictions
successives se plurent à donner des sourires de complaisance aux dispositions testamentaires du commandeur Ma-
chado et aux saillies de leur défenseur, tandis qu'elles refu-
sèrent d'accorder l'annulation, d'ailleurs éloquemment récla-
mée par ses adversaires.

Comment ne pas faire, avec Pasquier, une courte mention
de MM. Denys Riant, Pierre Rebours et Jean des Vaux? Le
premier était rompu à la pratique, et, de plus, « il était très-
« affectionné envers la jeunesse du Palais : » que sa mémoire
nous soit chère! le second était « si fort chargé de causes,
« à raison de la dextérité et facilité de son esprit et de sa
« langue, qu'on disait par commun proverbe du Palais, *que*
« *tout allait à rebours*; le troisième « prenait peine à bien
« parler français, » ce qui fut toujours un rare mérite, mais
surtout au xvie siècle. Voici venir maintenant des noms plus
connus: Pierre Séguier et Christophle de Thou.

Que ne puis-je reproduire ici leur portrait, tel que Pasquier
nous le trace, avec le parallèle qu'il établit ensuite entre ces
deux orateurs d'un genre si différent ! Voici, du moins, un
fragment de ce parallèle :

« Ces deux estaient corriuaux, s'aduançans esgalement
« aux premiers degrez de la robbe, mais par diuers chemins

« ou moyens. L'un estait court et nerveux, néantmoins clair
« et intelligible en ses plaidoiers, et ne se mettant point
« tant à tous les jours, l'autre, avec une douceur et faci-
« lité plus commune et agréable, plaidait plus souuent et
« plus longtemps; de sorte que l'on disait de l'un. *Multa*
« *paucis*, et de l'autre *Pauca multis*. » De si rares qualités
les désignaient l'un et l'autre aux fonctions des hautes magistratures. Pierre Séguier fut celui, qui, le premier des
deux, quitta le barreau pour la charge d'avocat du roi. Il
apporta, dans ce nouveau ministère, cette science juridique
qu'il avait acquise par l'exercice consciencieux de la profession d'avocat. Ayant eu cette bonne fortune d'être le contemporain et le confrère de celui que l'on appelle encore,
le prince des jurisconsultes français, il avait su mettre à
contribution sa science, et ses consultations à profit. Dans
toutes les grandes affaires, dont Séguier était chargé, il s'a-
dressait à Charles du Moulin, et, moyennant « quatre ou
« cinq escus qu'il lui aduançait de sa bourse, ce dernier lui
« donnait son aduis par écrit, raisonné et fortifié d'authori-
« tez de droict, de doctrine, de docteurs et d'arrêts. » Et
ces notes devenaient, sous la plume ou sur les lèvres de
Pierre Séguier, un savant mémoire ou une admirable plaidoirie. Quant à Christophe de Thou, il suffit de le revendi-
quer comme un des nôtres, on sait ce qu'il est devenu.
Loysel nous a conservé le souvenir d'une cause célèbre qui
mit aux prises le talent de ces deux hommes. Je veux parler
du procès concernant la terre d'Anet. Séguier occupait le
siége du ministère public, et de Thou plaidait pour la du-
chesse de Valentinois. On donna toute la solennité possible
à l'audience ; le nombre des magistrats fut augmenté ; « sur
« quoy M. de Thou prit le commencement de sa plaidoierie,
« disant que cette nouuelle face de justice extraordinaire
« l'estonnait, quasi à l'imitation ou façon de Cicéron, quand
« il commença à parler pour Milon. A quoy M. Séguier res-

« pondant sur le champ dit, qu'à la vérité, Cicéron avait
« occasion d'auoir peur, d'autant qu'en ce temps là, l'au-
« diance estait bordée de gens de guerre ; au contraire que
« chacun deuait alors espérer plus de iustice, puisqu'elle
« auait esté renforcée par un plus grand nombre de gens
« de cet Estat. »

XV

Vers la même époque, un homme s'était placé dans
l'opinion de ses contemporains, au-dessus de tous ceux
que nous venons de citer : C'était Baptiste du Mesnil. Pasquier l'avait pris pour modèle, « pour patron et miroir de
« ses actions. » Ce qui charmait en lui, c'était la pureté, et,
comme dit son apologiste, « la fluidité de son langage, la
« grâce et la douceur de son éloquence, de sa voix et de son
« action. » Qualités vraiment admirables, mais dont notre âge
n'a point perdu le secret. M. du Mesnil, « à qui rien ne défail-
« lait de ce qui est requis pour faire un bon advocat, » fut le
successeur de Pierre Séguier, et c'est lui qui, le premier,
fit, en qualité d'avocat du roi, des *remontrances publiques au
commencement des parlements.* Il eut pour collègue M. Aymon
Boucherat, et comme chef, M. Gilles Bourdin. Le premier
n'avait guère qu'un mérite d'emprunt ; il devait son élévation
aux faveurs de la maison de Guise, plutôt qu'à ses propres
services, au renom de son frère, plutôt qu'à sa valeur personnelle. Il en était bien autrement du procureur général
Bourdin, dont l'esprit s'appliquait aux arts comme aux sciences exactes, aux langues comme aux sciences morales. Il
commentait dans deux idiomes différents, mais avec un égal
bonheur, une comédie d'Aristophane et l'ordonnance de
1539, et réunissant dans un ensemble, dont on ne voit que
peu d'exemples, les trésors de l'érudit et les grâces de l'artiste, « il peignait élégamment en toute sorte de lettres, fran-

« çaise, italienne, latine et grecque ; iouait du luth et de
« l'espinette ; chantait sa partie. » On raconte de ce magistrat ce que nous avons entendu raconter de Bethmont, par
des confrères qui avaient fait leur stage sous le bâtonnat de ce
dernier. Il paraît qu'aux réunions de la Conférence, pendant
les plaidoiries des jeunes orateurs, le maître qui présidait à
leurs travaux, fermait les yeux et semblait s'assoupir ; les dé-
butants en étaient parfois déconcertés ; mais, au moment du
résumé, ils pouvaient s'apercevoir bien vite que le moindre
de leurs arguments avait été recueilli, et l'on pardonnait au
bâtonnier cette somnolence apparente, qui n'était que la pré-
paration et le prélude d'un splendide réveil. Ainsi de Gilles
Bourdin : « il sommeillait tellement, que ceux qui n'y estaient
« point accoutumez, estimaient qu'il dormoit à bon escient.
« Mais, comme l'on cessait de parler, il se réueillait soudain,
« disant qu'on continuast, et monstroit qu'il n'auait rien
« perdu de ce que l'on auait dit. » Mais un jour, hélas ! le procureur général ne se réveilla plus, « sa femme qui estait cou-
« chée avec luy, et qui l'auait oüy ronfler selon sa coustume,
« le trouva le lendemain mort à ses costez. » Ainsi, d'après
Tertullien, s'était endormi jadis, d'un sommeil qui devait durer toujours, le disciple de Socrate ; ce qui permit à Pasquier
de composer en l'honneur de Bourdin cette flatteuse épi-
taphe :

> In somnis animam Burdini e corpore raptam
> Quid luges ? et in hoc par debuit esse Platoni.

MM* du Mesnil, Bourdin et Boucherat vivaient encore, que leurs
contemporains avaient déjà rendu justice à leurs mérites res-
pectifs, et résumé dans une piquante formule l'opinion qu'ils
en avaient conçue : on disait de l'un, *qu'il disoit plus qu'il ne
sauait* ; de l'autre, *qu'il sauoit plus qu'il ne disoit ;* du troisième enfin, *qu'il ne sauoit ny ne disoit.* Mais Boucherat
mourut, pendant que le roi Charles IX et sa mère traversaient

Toulouse pour se rendre à Bayonne, et Guy du Faur, S. de Pibrac, juge mage dans la première de ces deux villes, vint lui succéder comme avocat du roi au parlement de Paris. Le nom de ce dernier magistrat est devenu historique. Toulouse montre encore aujourd'hui avec orgueil, le buste de marbre qu'elle lui a consacré, comme à l'un de ses plus *illustres* enfants, dans la grande salle du Capitole ; ce panthéon du talent où Guy du Faur de Pibrac devait prendre rang parmi les premiers.

Quel plaisir éprouvaient Pasquier et ses hôtes à s'entretenir de ces hommes dont la mémoire était toute récente, et qu'ils confondaient dans un même sentiment d'admiration et de piété filiale ! MM. de Pibrac et de Thou étaient les parrains des enfants de Loysel, et M. Léonard Goulas, aïeul maternel de ces derniers, avait épousé la sœur de Baptiste du Mesnil. L'histoire du barreau devenait celle de la famille. Nous voudrions esquisser toutes les physionomies, rappeler tous les noms que Pasquier fit passer ou cita devant son auditoire, mais la galerie est si nombreuse qu'il faut savoir faire un choix dans les portraits. C'est ainsi que nous donnerons un simple souvenir à tous ceux qui occupèrent dans cette mémorable cause de Cabrières et Mérindol. Et cependant que de talent dut se dépenser à travers les débats passionnés de ces cinquante audiences, où s'agitèrent de si graves intérêts! Les voyez-vous se presser à la barre, François de La Porte, Jean de St-Mesloir, Clément du Puy, Pierre Robert, Jacques Aubery et Denis Riant ? Clément du Puy, choisi tout d'abord comme défenseur par le président d'Oppède, succombe à la tâche, et transmet à Robert sa difficile mission. Celui-ci l'accepte, la remplit et triomphe ; mais, quelques années plus tard, il devait succomber aussi dans un jour néfaste, victime des fureurs de l'intolérance, avec son confrère Anne de Terrières, seigneur de Chappes. Imitons ici la modération de ceux dont nous écoutons la parole, et jetons avec Pasquier et ses interlocuteurs un voile sur ces sanglantes époques. Voici, pour reposer nos esprits, attirer nos regards et charmer nos cœurs, les deux plus glorieuses figures du barreau de ce temps-là : Jacques Canaye et Claude Mangot. Ce dernier n'avait que trente-six ans, lorsqu'il décéda et « n'eust eu son pa- « reil, soit en science et connaissance de toutes bonnes lettres, « s'il eust vescu âge d'homme. » Quoique jeune encore, il avait fait assez pour sa gloire, et justice avait été rendue à son mérite. D'abord procureur général en la Chambre des Comptes, il devint avocat du roi au Parlement, et ses remontences obtinrent le plus grand succès. Elles prouvent « qu'en « un corps assez fresle, il y avait des muscles et des nerfs bien « forts et un très bon sang. » Ce n'est pas tout : Claude Mangot voulut être un modèle de douceur et de charité, aussi bien qu'un modèle d'éloquence; « il fut si grand aumosnier, qu'il « ne s'estait pas contenté de donner tous les ans, sa vie du- « rant, la disme de son reuenu au pauures, mais il commanda « qu'on en fit de mesme du bien de sa fille qu'il laissa seule « héritière. » Et nous aussi, nous avons vu mourir à la fleur de l'âge un éminent avocat général, dont la magistrature et le barreau doivent longtemps pleurer la perte. Nous tous qui avions admiré ses talents et ses vertus, nous nous sommes associés aux regrets exprimés par des voix éloquentes; mais un modeste souvenir pouvait encore ici trouver une place; les traits de ressemblance étaient si frappants et si nombreux entre Claude Mangot et celui que tous nos lecteurs ont nommé!

Quant à Jacques Canaye, on pouvait redire sur son compte, du moins sous le rapport des qualités de l'esprit, tout ce que l'on avait dit au sujet de son rival. Pasquier les compare l'un à l'autre, et le parallèle qu'il établit entre eux rappelle en plusieurs points, celui de Pierre Séguier et de Christophe de Thou. Du reste, comme il l'avait déjà fait à propos de ces derniers, le narrateur mentionne un procès fameux qui mit en présence Mangot et Canaye : la cause de la *préférence des Roses*. Cette gracieuse dénomination se rapporte au débat qui s'était engagé entre deux pairs de France, le duc de Nivernais et le connétable de Montmorency. L'occasion était belle, le sujet fécond; les deux orateurs surent profiter de l'une, élever et enrichir l'autre : l'histoire des deux maisons en litige leur fournit de brillants développements; c'est que les grands noms conviennent à la grande éloquence. La prochaine année judiciaire se chargera de prouver une fois de plus ce que je viens d'avancer.

XVI

« Ayant dépesché ceux que ie trouuay au Palais lors que « i'y vins, » continua M. Pasquier, « ie passeray maintenant « à ceux de nostre volée. » Mais Anthoine Loysel lui fit observer qu'il passait sous silence quelques noms recommandables, dont il s'empressa lui-même de dresser la liste. Pasquier répondit que cette omission n'était point l'effet d'un oubli, qu'il voulait parler seulement de ceux qui se vouèrent toujours tout entiers au seul exercice de leur profession, car « *l'Estat d'Advocat désire son homme tout entier.* » Cette phrase a été depuis lors bien souvent rappelée. Or, parmi les confrères nommés par Loysel, l'un « s'employait au bu-« reau des enfants de la Trinité, » l'autre, « s'amusait plus à « la poésie françoise qu'à la plaidoirie, » un troisième « s'ar-« restait plus à son office de bailly de S. Germain des Prés, « qu'à ses clients. » Mais ce dernier ne doit pas rester confondu dans la foule, et son nom ne doit pas nous être indifférent. Il s'appelait Pierre de Rochefort. C'est lui qui combattit à outrance (*tenaci proposito*, nous dit Mornac), une jurisprudence que la cour cherchait à introduire, et qui tendait à contraindre les avocats « de deposer et descouurir en Iustice « la vérité du secret de leurs parties. » Enfin Pasquier se reprocha d'avoir oublié M. Jean du Boisle; sa voix tonnante rappelait l'organe de ce Trachallus dont parle Quintilien. Pendant ses plaidoiries, tout le palais était en émoi. Il parlait un jour devant M. le président de Harlay, et, dès le début de son discours, il avait pris sur un ton des plus bruyants. Or le Président, « qui ne pouuait se garder de dire quelque mot « de gausserie en quelque lieu qu'il se trouuast, » profita de l'occasion et s'écria: « Couvrez-vous, du Boisle, et parlez « haut; — ce dont toute la compagnie se prit à rire. » Il paraît que *l'humour* n'avait pas attendu, pour s'introduire au palais les audiences de M. le président Seguier. A cette époque, le barreau comptait un autre *excentrique*, comme on dirait aujourd'hui, du nom de Raoul Spifame. Celui-ci se singularisait, non point par son organe, mais par son costume. « Voulant reprendre ou tenir l'ancienne marque d'honneur « de Aduocats et Conseillers généraux du Parlement, il se « présentoit à prester le serment aux ouuertures qui s'en « foisoient à la S. Martin, avec une robbe d'escarlate... » Il est temps de contempler des figures plus sérieuses.

Une observation que le lecteur aura déjà faite avec nous, c'est que, parmi ces nombreux avocats dont nous esquissons l'histoire à grands traits, le plus petit nombre persévéra jusqu'à la fin de sa vie dans l'exercice de sa profession originelle. La plupart d'entre eux devenaient, tôt ou tard, membres du parquet ou magistrats assis; nous devons donc rechercher avec curiosité ceux qui moururent à la barre comme sur la brèche, ou qui, leurs vieux jours venus, quittèrent le Palais, sans que le Palais se décidât à les quitter. Tel fut Pierre Versoris, un des grands avocats de ce temps, qui plaida la fameuse affaire des Jésuites contre l'Université de Paris. Pasquier se présentait pour cette dernière: il nous a longuement raconté, dans une de ses lettres, comment il fut chargé de la cause, et comment elle se termina. On aime à voir avec quel désintéressement et quelle modestie il fait l'éloge de son adversaire; le portrait qu'il nous en donne rappelle celui des illustres devanciers que nous avons déjà rencontrés : les Chartier, les de Thou, les Claude Mangot

Autour de Pierre Versoris, viennent se grouper des types assez curieux. L'un, M. Jean David, arrivé du fond de la Gascogne, accepte toutes les causes, bonnes ou mauvaises ; il perd tant de procès, se fait si souvent condamner à l'amende, que ses confrères finissent par le surnommer plaisamment l'avocat du roi, tant il contribuait à grossir le fisc ! Cet autre s'appelait Berthe; coutumier du même fait que son confrère, dont je viens de parler, et n'étant pas d'ailleurs de très-belle venue, il n'est bientôt connu dans tout le Palais que sous le nom du *petit amandier;* un troisième, enfin, trouve un moyen ingénieux de payer ses dettes, sans bourse délier ; il change d'ordre et de costume, et d'avocat devient prêtre. « Ce sont des exemples que je vous récite, » observe ingénûment Pasquier, « afin que vous ne vous chargiez point de mauvaises causes, mais que vous soyez soigneux de votre honneur et réputation. »

D'ailleurs, à côté de ces figures quelque peu grotesques, et sur lesquelles le narrateur ne craint pas d'appeler l'attention et de jeter le ridicule, viennent se placer immédiatement, pour clore d'une façon glorieuse, la liste des contemporains de Pasquier : Broussel, Bacquet et René Choppin. Ces trois noms se recommandent assez par eux-mêmes, et se passent de toute réflexion.

Mais, par un artifice employé déjà, quand il s'agissait de faire connaître ceux que Pasquier avait trouvés au Palais, Loysel s'empresse de combler quelques lacunes, et de donner un souvenir à des noms qui allaient s'effacer à tout jamais. Le Dialogue gagne à cette mention quelques pages pleines d'intérêt, des réflexions pleines d'actualité, et un portrait dont l'original n'a pas encore disparu. Parmi ceux dont parle Loysel, figurent Taverny et Louis Desportes.

Le premier est encore plus connu par sa mort que par ses plaidoyers. Au jour de la Saint-Barthélemy, l'avocat fit place au lieutenant général de la Connestablie et Maréchaussée de France, — à cette époque, aucune incompatibilité n'existait entre ces deux fonctions; — la main, qui venait peut-être de signer une consultation ou un mémoire, s'arma d'une arquebuse, et, le clerc combattant à côté de son maître, la populace se vit arrêtée pendant plus de huit heures par la résistance de deux hommes. Desportes, le second de ceux que j'ai choisis, dans la liste supplémentaire dressée par Loysel, dut le rôle qu'il occupait à son alliance avec la nièce d'un procureur, chez lequel il avait longtemps travaillé. Sur quoi, Pasquier reprenant la parole : « Souvenez-vous, dit-il, « que plusieurs sont devenus fameux Aduocats par la con- « naissance et alliance des Procureurs, qui ont en cela plus « de pouvoir que n'auraient les faveurs des conseillers, gens « du Roy, ni Présidents, au moins quand d'ailleurs ils en « sont aucunement capables, car les grands Aduocats « s'aduancent assez d'eux-mêmes. » On nous dispense de tout commentaire. Ici la conversation prit un tour anecdo- tique, et Pasquier rapporta certains faits plus curieux qu'é- difiants. Il fit allusion à un de ses confrères dont la constante préoccupation n'était pas d'étudier sérieusement ses dossiers et de soigner son élocution. Cet homme n'avait qu'une pen- sée, disons-le tout simplement, celle de faire ce qu'on est convenu d'appeler un bon mariage ; aussi avait-il résolu de ne rien négliger pour atteindre son but et de faire valoir tous ses avantages, même ceux qu'il n'avait pas. De bonne mine et de belle taille, il alla se loger près d'une maison ha- bitée par une riche héritière ; quand il se rendait au Palais, un clerc le suivait, portant « un gros sac commun, comme « s'il eust été chargé de pratique. » Aujourd'hui le sac est remplacé par la serviette, et le clerc par le secrétaire. Dans cet appareil, notre maître faisait grand bruit, et cherchait à fixer les regards de son opulente voisine et de sa mère... au détour de la rue, tout disparaissait : sac d'emprunt, dossiers de fantaisie, clerc de circonstance, et le pauvre avocat, s'il se rendait aux audiences, se contentait d'écouter ses confrères. N'importe, l'effet voulu se produisait; persévérance et comédie obtinrent, le mariage se célébra. « Les nopces foites, dit Pasquier, « il continua à foire porter ce sac après soy, « mais il ne rapportoit rien du Palais que les sacs qu'il y foi- « soit porter, dont on commença à se fascher. » Il fallut vivre d'expédients, recourir aux emprunts, pour tromper encore une fois la dame et conjurer son courroux ; mais le crédit s'use vite ; tout se découvrit, et comme après tout l'épouse était bonne princesse, elle se décida à nourrir « son mary « du mieux qu'elle put à ses despens; car elle avait du bien « compétemment, et estait d'assez bon lieu, ce qui sera dit « en passant par risée, » ajouta le narrateur toujours honnête et pratique « pour montrer qu'en toutes vocations et « estats il y a des happelourdes. »

Je ferais grâce au lecteur d'un récit qui courait le Palais, sur le compte d'un avocat nommé Bariot, s'il n'avait donné lieu à quelques jolis vers latins du chancelier de L'Hospital. Mais laissons la parole à Pasquier lui-même :

« L'autre conte est que Bariot, s'estant fait depuis conseiller, « estoit si amoureux de procez, qu'il prenoit plaisir à faire « attacher ses sacs par ordre en l'une de ses chambres, les- « quels il alloit souvent visiter et compter avec autant de « contentement que fait un laboureur ses troupeaux de « moutons; ce que feu M. le chancelier de l'Hospital prist « plaisir de représenter par ces vers :

Nam memini quemdam plenum gravitatis, et annis,
Burgundâ de gente senem, cui mille ligatis
Inclusæ saccis pendebant ordine lites :
Has omnes animi causâ semel omnibus horis
Ille recensebat, minimumque putabat ad assem,

Quid tandem lucri numero speraret ab illo;
Ut pastor, cui mille boves in montibus errant,
Quem ferat ex vitulis fructum, quem lacte reportet
Presso vel liquido, quem denique matribus ipsis
Subducit tacitus : nummo nec fallitur uno. »

XVII

Pasquier s'empressait d'entamer la troisième partie de sa division et d'énumérer les avocats venus au Palais depuis sa retraite, lorsque Loysel l'interrompit en ces termes : « Mais « je vous prie, auant que de passer plus outre, nous expli- « quer ce que vous entendez quand vous dites si souvent, « un tel estoit bon ou n'estoit guères bon aduocat, comment « on peut le deuenir, et à quoy il se doit principalement es- « tudier; car c'est ce que i'attendois, longtemps y a, de « vous, et en quoy ces ieunes hommes pourront plus pro- « fiter; comme aussi i'ay entendu de mon fils, que vous leur « en auez promis quelque chose ce matin. » La réponse ne se fit pas attendre; elle fut même des plus satisfaisantes; mais nous nous sommes promis, on le sait, de la réserver pour les dernières pages de ce travail. La galerie n'est point épuisée; quelques cadres restent encore qui sollicitent nos regards. Au terme de notre longue promenade, nous n'au- rons plus qu'à écouter la parole du maître, qu'à méditer ses conseils.

A MM. Du Faur et Mangot, succéda comme avocat du roi, M. Jacques Faye, dont Pasquier ne peut pas faire l'éloge sans restriction. Il loue volontiers « son grand sens et sça- voir, » et la puissance de sa parole, mais il lui reproche de « s'estre moqué des formalitez de justice. »

Or, Il ne faut pas plus mépriser les formalités en procé- dure « que les cérémonies en faict de religion, car ce sont, » dit Pasquier, » comme les cerceaux du muid qui retiennent le « vin, et empesche qu'il ne se répande, ou comme le ciment

« qui colle et relient les pierres du bâtiment. » A cette négli-
gence près, M. Faye passait pour un orateur incomparable
et pour un grand homme d'État. Il eut pour contemporain
M. Renaud Loiseau, père de celui qui devait illustrer ce
nom. On disait du fils, sans offenser le père, ce que l'on
pourrait appliquer maintenant au plus grand orateur de
notre siècle : « *Tydides melior patre.* »

Faut-il poursuivre cette analyse, et ne devons-nous pas
considérer comme accomplie la tâche que nous nous étions
d'abord imposée : celle de suivre fidèlement, et pas à pas,
le récit de Pasquier? Nous nous trouverions désormais, jusqu'aux dernières pages du Dialogue, en présence d'une aride
nomenclature. Que si quelques figures restent encore debout,
au milieu de la foule écrasée par l'oubli, selon l'énergique
expression de l'annaliste Romain, il suffît de les nommer au
passage, Bodin Hotman, Marilhac, et de s'incliner devant
elles. Il en est une qui fut pour Pasquier l'objet d'un culte
particulier : celle du président Brisson. Il en parla comme
de Juvénal des Ursins, avec une sorte d'émotion religieuse,
plus forte cette fois et plus communicative, parce que Brisson avait été son ami. Que de vérité dans ces regrets ! que
d'éclat dans leur expression ! Il faut relire ces dernières
pages, où la douleur s'exhale en imprécations éloquentes, en
sanglots mal contenus. Heureux les hommes qui inspirent
de tels panégyriques ! Une plainte étouffée, une larme qui
s'échappe valent bien des morceaux d'éloquence ; mais rien
ne manquait à l'hommage que Pasquier rendait à son ami ;
ni les cris d'une passion généreuse, ni le silence imposé par
la douleur !...

Respectons ce silence, et mettons un terme à ce récit
trop prolongé ; aussi bien, si Pasquier doit retrouver la
parole, il n'aura plus, maintenant, qu'à dogmatiser. Ses discours changeront de ton et d'allures, mais nous les recueil-
lerons avec la même attention, le même respect. Qu'il ra-

conte ou qu'il enseigne, c'est toujours un vieillard, un confrère qui parle, et sa voix, bien qu'elle nous arrive à travers les siècles, doit encore trouver de l'écho parmi nous.

XIX

Il convenait tout d'abord, de faire connaître l'œuvre d'Antoine Loysel, en lui laissant son véritable caractère. Ne lui donnons pas plus de portée qu'elle n'en demande, et sachons la réduire aux simples proportions qu'elle a voulu prendre. N'y cherchons point, soit un traité complet d'éloquence judiciaire, soit un ensemble de règles professionnelles, soit une étude approfondie sur le barreau d'autrefois. C'est de la chronique, plutôt que de l'histoire ; l'anecdote y remplace le fait et quelques réflexions y tiennent lieu de critique. Peu de métaphysique, beaucoup de morale ; plus de grâce et de naturel que de recherche et de pédantisme, tels sont en résumé les principaux traits qui distinguent cette originale composition. Je dis originale, bien qu'elle compte des précédents et des modèles ; mais sa ressemblance avec eux est toute générique. Si nous avions, par exemple, une comparaison à faire entre le *Pasquier* et le *Brutus*, nous dirions : ce sont deux dialogues ; mais là s'arrêterait tout rapprochement. Ils sont d'une famille et surtout d'une nationalité différente ; qui voudrait les assimiler, devrait d'abord supprimer la distance qui sépare le génie gaulois du génie romain. Pasquier ne s'écoute point parler, mais ses auditeurs devaient l'écouter avec plaisir ; c'est pour eux qu'il raconte, non pour la postérité, et par cela même la postérité prend à ses récits un goût très-vif. Il n'est point jaloux de garder la parole et volontiers il la cède à ses hôtes ; mais ceux-ci, gens bien appris et bien avisés, s'empressent de la lui rendre. Il en fait si bon usage ! c'est une causerie qui s'inspire et s'entretient des souvenirs d'un vieillard aimable, lequel a beaucoup vu et beaucoup retenu.

Mais ce qu'il rappelle du passé, ne devient pas sur ses lèvres le texte de récriminations contre le présent; il n'y trouve au contraire que des encouragements pour l'avenir. Ses conseils sont ceux d'un ami, sa morale celle d'un sage. Il donne les uns avec simplicité, expose l'autre avec une bonhomie quelquefois empreinte d'une douce gaîté. Songez qu'un mouvement de sensibilité communicative, mais toujours mesurée, vient de temps en temps, comme un éclair, traverser son récit, et dites s'il n'a pas dès lors une saveur toute française, une couleur toute nationale? On est vraiment surpris de trouver ces fleurs du sol natal et de respirer un parfum de terroir, au sein de cette végétation exotique, que Ronsard et les siens venaient de cultiver avec tant d'amour. On songerait presque à protester contre le jugement de Voltaire, si Voltaire n'était si bon juge, en fait de goût, et s'il n'y avait quelque témérité à faire appel de ses décisions. Se rapportant à l'époque où Loysel écrivait, l'auteur du *Siècle de Louis XIV*, prétend « qu'alors, les Français n'étaient encore recommandables que par une certaine naïveté qui « avait fait le mérite de Joinville, d'Amyot, de Marot, de « Montaigne, de Regnier, de la satire Ménippée. » Et l'historien venait de dire : « Les mêmes génies qui avaient écrit très-bien en latin, comme un président de Thou, un chancelier de l'Hôpital, n'étaient plus les mêmes lorsqu'ils maniaient leur propre langage rebelle entre leurs mains. » La seule excuse de Voltaire, c'est qu'il n'avait pas lu le dialogue des Avocats. S'il l'avait connu, il n'aurait pas manqué d'apprécier toutes les qualités de cette prose tour à tour gracieuse, forte, spirituelle et toujours simple; qualités qui promettaient à la France, dans un avenir prochain, les *Méditations* de Descartes, et les *Pensées* de Pascal.

XX

Mais je ne veux ni ne dois insister sur la valeur littéraire du dialogue de Loysel. C'est là un mérite absolu, général, appréciable pour tous et que l'on peut indiquer partout. Il en est un autre tout relatif, tout particulier, et qui pour cette raison doit être soigneusement signalé dans une Revue spéciale comme la nôtre. L'œuvre de Loysel est profession-nelle. Elle est écrite par un avocat, pour l'agrément et l'ins-truction des avocats. On y sent à chaque page l'homme du métier, et cette expression ne paraîtra pas choquante à ceux qui ont quelque connaissance des choses du barreau. L'élo-quence judiciaire, telle que nous la voyons chaque jour s'exercer sous nos yeux, ne ressemble guère à celle dont il est question dans les traités de rhétorique, ces manuels qui sentent l'école et qui s'inspirent beaucoup plus de la tradi-tion que de l'expérience. Nous sommes loin de l'époque où cette éloquence judiciaire se confondait avec l'éloquence politique. Que de fois n'avons-nous pas entendu ceux qui écrivent ou qui dissertent sur l'exercice de notre profession regretter que l'avocat rencontre si rarement des objets d'un intérêt général. Aussi, ne faut-il point se faire illusion. Le mérite s'apprécie beaucoup plus chez nous à la connaissance pratique des affaires qu'au beau langage, à la science du droit qu'à l'instruction littéraire. N'exagérons rien cepen-dant ; il est un heureux mélange de qualités professionnelles et de celles qui sont le fruit de la culture des lettres. A cet ensemble se reconnaît le type que Pasquier nous présente. Sur l'interpellation qui lui était adressée par ses hôtes, le souvenir de Cicéron et de ses préceptes se présenta tout de suite à l'esprit du narrateur. « Vous me demandez ce que « c'est qu'un bon aduocat, quels sont les moyens de le deve-« nir ? Mais comment vous en dirois-je les vraies marques

« ou préceptes, veu que Cicéron n'a jamais osé entreprendre
« de dire résolument en quoy consistoit la perfection de son
« orateur. » Mais cette réflexion n'était guère qu'une pré-
caution oratoire, Pasquier ne s'y trompait pas ; avec une
bonhomie malicieuse, il reprit bientôt, et sans reproduire
ici toute sa réponse, je veux en donner le début et la con-
clusion :

« Car je ne suis point si difficile, que je désire en nostre
« aduocat toutes les perfections que Cicéron, Quintillien, et
« les autres requièrent en leur Orateur, ou Galien en son
« Médecin ; comme un naturel si heureux, un esprit si clair
« voyant, une grande institution ou exercitation ès bonnes
« lettres et sciences, un choix de meilleurs maistres et pré-
« cepteurs, une estude si continuelle qu'il y emploie le jour
« et la nuit, une recherche si exacte du bien et du mal, pour
« sçavoir aisément discerner le vray du faux. Car je n'estime
« pas que cette grande et haute éloquence populaire que
« l'on recherche tant, soit la principale partie de nostre
« aduocat. C'en est bien une et des plus requises, mesme-
« ment ès grandes plaidoiries ; mais ce n'est pas la plus né-
« cessaire pour un barreau. Ce que je désire en mon aduocat
« est qu'il apprenne à bien conduire un procez intenté ou à
« intenter ; à dresser succinctement une demande, et à libeller
« un exploit ; à minuter des requestes, des lettres Royaux,
« des requestes civiles, et d'autres lettres tant de la petite
« que de la grande chancellerie ; qu'il puisse faire un bon
« aduertissement, des contredits et autres escritures ; et
« lorsqu'il faudra plaider, qu'il examine et mesnage toutes
« les particularitez et circonstances de sa cause ; qu'il en
« prenne bien le poinct, et s'y arreste, et le représente en
« termes bien choisis et intelligibles, et neantmoins plus
« serrez et renforcez que redondans ny superflus, en les for-
« tifiant de raisons pertinentes, d'authoritez formelles et
« précises, de textes de droict, d'ordonnances et d'articles

« de coustumes, ou de décisions de docteurs ; sans l'ob-
« scurcir ou noyer d'allégations superflües ; quelquefois
« l'embellir d'un trait d'humanité, voire de grec ou de latin
« *comme en passant*, et qu'il soit si à propos et significatif,
« qu'il ne puisse si bien exprimer en françois.....

Et Pasquier comprenant très-bien qu'il s'agit ici d'un entretien d'avocats et non point de reproduire le Dialogue des
Orateurs, (les mots ont leur portée), s'anime, s'enhardit de
plus en plus et termine en disant :

« En somme ie désire en mon aduocat le contraire de ce
« que Cicéron requiert en son Orateur, qui est l'éloquence
« en premier lieu, et puis quelque science de droict : car ie
« dis tout au rebours, que l'aduocat doit surtout estre sçauant
« en droict et en pratique, et médiocrement éloquent, plus
« dialecticien que rhéteur, et plus homme d'affaires et de
« iugement que de grand ou long discours. J'en parle par
« aduenture trop librement, mais puisque vous m'y auez
« poussé, j'en ay dit entre nous ce que j'en pense. »

On aime ce bon sens et cette franchise. Pasquier ne parle
point d'après ce qu'il a lu, mais d'après ce qu'il a expéri-
menté. Il exige de l'avocat la science, parce qu'il est instruit
lui-même ; la pratique, parce qu'il est praticien. Les études
qu'il recommande, il les a faites, il s'en est bien trouvé ;
c'était le secret de sa réputation, il ne craint pas de le divul-
guer. Voulez-vous savoir maintenant ce qu'il pense des
moyens de devenir un bon avocat du roi ?

« Je désirerais surtout en luy, » s'écrie-t-il après lui avoir
imposé une connaissance approfondie de l'histoire et du
droit public, « je désirerais surtout qu'il eust esté longue-
« ment employé au Barreau, et qu'il fust bon praticien. »
Puis, après avoir présenté d'excellentes considérations sur
la façon « de faire des remonstrances publiques, » il indique
dans une formule des plus heureuses, la route à suivre pour
arriver promptement à donner de bonnes conclusions : « Et

« quand il serait question de plaider à l'ordinaire, qu'il re-
« prist sommairement ce qui auroit esté diuersement dit par
« les aduocats des parties, pour en oster et dissiper les
« nuages, et l'esclaircir tellement que la vérité et equité ap-
« paroissant, la cour en peust estre soulagée pour y donner
« promptement son arrest, ainsi que faisoit fort bien feu
« Monsieur l'aduocat du Mesnil votre oncle. »

Il est facile de comprendre que l'on soit bien aise de pro-
voquer l'opinion d'un homme qui s'exprime d'une façon aussi
nette, aussi résolue. Ses enseignements sont recueillis comme
des oracles. Aussi les auditeurs de Pasquier prirent-ils goût
à ces leçons données avec tant d'autorité et si peu de pré-
tentions. Loysel s'apercevant que ses fils étaient à bonne
école profita de l'occasion qui s'offrait de prolonger utile-
ment cet entretien. « Puisque vous en estes venu si avant, »
dit-il, « je vous prie vouloir dire aussi à ces jeunes gens une
« chose de laquelle ils m'ont souuent requis, qui est, s'ils se
« doivent accoustumer à escrire leurs plaidoyers. » Question
que chacun s'est posée et qui se posera toujours à ceux qui
affrontent la parole. Pasquier n'y répondit qu'avec une réserve empreinte d'une grande sagesse. Il se garda bien
d'imposer une loi commune à toutes les natures et de dire
ce qu'il fallait faire ; il raconta seulement ce qu'il avait fait,
et cette fois encore, le résultat de son expérience personnelle
peut être proposé comme un exemple profitable pour tous :
« Je vous diray, non pas ce que vous deuez tous faire, car
« chacun a son talent, et diuers naturel, mais ce que j'ay
« fait, pendant que j'ay esté employé au Palais ; vous en re-
« tiendrez et ferez vostre profit, ainsi que vous aduiserez.
« Quand je vins premièrement au Barreau, j'escriuois entiè-
« rement ce que je pensois deuoir dire, et l'apprenois par
« cœur, et m'en trouvois bien et l'ay pratiqué depuis aux
« plus grandes causes dont j'ay esté chargé ; et *trouve que*
« *c'est ce qui m'a fait mon style de parler et d'escrire*. En

« moindres causes ie me contentois de faire un bon et fidèle
« extroict tant de mon sac que de celuy de ma partie aduerse,
« et d'y remarquer le principal poinct, en y adjoustant
« quelque ornement dont ie n'adulsois, pour ietter l'œil
« dessus, quand ma cause s'appelloit. Car de parler sur ces
« pièces, comme j'en ay veu aucuns de mes compaignons,
« *ie l'admire* plustost que ie ne l'approuve, d'autant que
« quelque bon esprit que l'on ait, en plaidant ainsi tumul-
« tuairement et sans y avoir pensé, l'on ne peut trouuer si
« promptement ce que l'on désireroit, et échappent souuent
« des choses que l'on voudrait retenir. »

XXI

« Voici de bonnes leçons pour vos enfants ! » s'écria Loysel ;
voilà de bonnes leçons pour nous tous, dirons-nous après
lui. Du reste, l'opportunité de ces préceptes, qui retrouvent
leur application à trois siècles d'intervalle, n'est qu'un des
éléments d'un mérite plus général, répandu sur toute la composition de Loysel, je veux dire l'actualité. Que de fois en
parcourant ces pages consacrées par le temps, n'avons-nous
pas cru lire une œuvre née d'hier ? Que de fois ne nous sem-
blait-il pas entendre une conversation, plutôt que feuilleter
un livre ? Dans cette causerie sur laquelle ont passé trois
cents ans, rien de vieilli, rien qui rappelle une autre époque,
sinon quelques archaïsmes de langage. On dirait un entretien
de contemporains. Qu'il s'agisse d'apprécier les institutions
ou les hommes, les remarques de Pasquier et de ses confrères sont toujours bien placées. Aucune de leurs paroles
n'a souffert des atteintes de l'âge, et leurs observations peuvent affronter le contrôle des nôtres. On dirait que c'est nous
mêmes qui avons vécu sous leurs yeux. Que d'exemples je
pourrais citer à l'appui de mes assertions. Et pour n'en rapporter ici que deux ou trois, n'est-ce pas dans le Dialogue de

Loysel que l'on trouve, exprimés d'une façon piquante, tant de lieux communs qui de nos jours se répètent sur la difficulté des débuts et de la lutte, sur les joies du triomphe? N'est-ce pas dans ce Dialogue que sont décrits les épreuves, les sacrifices que l'avocat traverse ou s'impose avant d'avoir forcé la confiance de la foule, la justice de ses confrères. N'est-ce pas enfin Pasquier, dont la voix paternelle encourage tous ceux que séduit le barreau en leur promettant, sinon la gloire et la fortune, du moins un rang proportionné à leurs efforts? Il veut que chacun suive les impulsions de sa nature, c'est ainsi que l'on trouve sa voie et sa place. Lisez les pages où l'on discute sur le mérite respectif des avocats parisiens et des avocats venus de province; peut-on demander plus de jeunesse et de fraîcheur? Et pourquoi le Dialogue de Loysel nous paraît-il ainsi dater de la veille? C'est que, placés dans les mêmes conditions, les hommes changent peu et que les portraits des aïeux, s'ils sont bien étudiés et ressemblants, doivent permettre un jour au petit-fils de se reconnaître à ces portraits. C'est que Pasquier s'inspirait de sentiments éternellement vrais et profondément enracinés dans le cœur humain : la confraternité, la piété envers les morts, une moralité aussi haute que pratique.

XXII

Il ne s'agit pas ici de cette confraternité solennelle ou tapageuse qui n'est guère qu'un grand mot et qui est aussi stérile en œuvres et en services, que féconde en protestations et en paroles. Je veux parler d'un sentiment sobre et discret, tempéré par la raison, et qui donne à ceux qui l'éprouvent une autorité persuasive, une irrésistible influence. Nous en avons tous connu de ces hommes qui, pour aimer avec idolâtrie leur profession et ceux qui l'exercent, ne s'aveuglent pas sur les faiblesses, les misères ou les ridicules qui affligent le barreau, comme tout ce qui est humain. Au contact de trois générations d'avocats, Pasquier avait pu apprécier leurs mérites et leurs travers. Parvenu à l'âge où les illusions sont tombées, il ne cherchait point à retenir celles de son jeune auditoire, en lui présentant comme une assemblée de demi-dieux l'ordre dont il faisait partie. Il ne craignit point de lui montrer les pieds d'argile de la statue d'or. On se rappelle que si parfois ses souvenirs lui retraçaient, à côté d'une imposante figure, une image moins vénérable, il n'hésitait point à la produire devant ses hôtes, se montrant ainsi plus jaloux d'éclairer leur conscience que de flatter leur amour-propre. Chez lui, point d'enthousiasmes intempestifs, d'engouements préconçus; une mesure à toute épreuve. Elle se dénote, par exemple, lorsqu'il parle des rapports de la magistrature et du barreau. Comme il a bien saisi leur caractère! Pour lui, ce sont des rapports d'identité. Il aurait pensé volontiers, comme ce brillant orateur dont on peut en croire la parole, que l'on passe de la barre au siège du magistrat sans monter, de ce siège à la barre sans descendre. Après tout, sous la toge comme sous l'hermine, c'est toujours la même œuvre que l'on poursuit, celle de la justice. De quel respect ne faut-il pas entourer ceux qui l'accomplissent dignement! Ce respect, ceux-là surtout l'éprouvent, qui peuvent y prétendre, et l'expression qu'ils lui donnent a quelque chose de religieux et de grandiose. De là, cette piété qui respire à travers le Dialogue de Loysel. Que resterait-il de tant d'aïeux, gloire de leur Ordre, si les lèvres d'un confrère ne s'étaient plu à redire leurs noms et leurs titres? Un nom! c'est peu sans doute, mais c'en est assez pour arracher quelque chose à l'*affreuse nuit* qui menaçait de tout prendre :

. . . . . Le peintre et le poëte
Laissent après leur mort d'immortels héritiers ;
Jamais l'affreuse nuit ne les prend tout entiers.

En est-il de même de ceux dont la parole charmait jadis la foule, dont la voix proclamait tant de vérités éloquentes, dont les accents passionnaient les cœurs ? Un souffle avait tout emporté, la nuit avait tout obscurci ; et voilà que du sein des ténèbres une voix s'élève émue et généreuse, disputant à l'oubli ses conquêtes et demandant un regard suprême pour des ombres qui allaient s'effacer. Bientôt, grâce à de magiques évocations, ces ombres reprennent le mouvement, la couleur et la vie. Puis, l'imagination venant seconder l'œuvre de l'enchanteur, on prête aux ancêtres les traits de leurs descendants, on établit la filiation des talents qui se font admirer de nos jours, et chaque nom de notre époque trouve son pendant parmi les noms d'autrefois. Rapprochements féconds ! La pensée leur emprunte une puissance créatrice qui, retrouvant la vie au sein du néant, communique un nouveau souffle à des êtres depuis longtemps inanimés. Que si les ombres passent trop rapides ou trop pâles, pour que l'on puisse leur restituer une physionomie accentuée et caractéristique, un sentiment de mélancolie vient alors s'emparer de l'âme. On songe qu'il est triste d'avoir donné le meilleur de soi-même au plus grand de tous les arts, d'avoir brisé son existence dans la lutte pour qu'il ne reste de tous ces efforts qu'un souvenir. Souvenir si fugitif et si vague, que l'on ne peut ni le saisir ni l'arrêter. Et pourtant ceux-là sont les élus, qui laissent après eux cette trace imperceptible. Combien d'autres, plus nombreux, dont le nom, pendant quelques années, objet d'estime ou de respect, s'oublie même avant l'heure suprême, si la retraite l'a précédée de quelques instants.

XXIII

Mais Pasquier ne permet point que l'on s'abandonne à de telles pensées ; pour combattre leur influence, il a répandu sur ses discours les flots d'une bienfaisante morale. A côté

du praticien, du magistrat, se trouve chez lui l'homme honnête et fort, le philosophe. Tel nous l'avons vu bien souvent
déjà se révéler à nos yeux. Rarement il perd l'occasion de
tirer des faits leur moralité. Quelquefois la leçon n'est point
formulée, mais elle ressort toujours de ses récits ou de ses
portraits. C'est la vraie façon de moraliser, celle qui procède
par exemples et par contrastes; l'autre, celle qui vit d'exhor-
tations et de sentences, est généralement froide et stérile.
Cependant Pasquier sait l'employer avec succès, parce que
chez lui c'est toujours le cœur qui parle. On nous permettra
d'en donner un dernier exemple : « Cependant vous deuez
tous prendre courage de trauailler, et estimer que de quelque
païs ou nation que l'on soit, *il y a place pour tous au Barreau,*
du moins pour auoir part à ce beau et fertile champ du
Palais, et espérer de vous rendre capables d'estre un jour
appelés aux plus hautes charges du Royaume, y acquérir des
commoditez et des biens de ce monde, pour en faire part à
ceux qui en ont besoin, et principalement de l'honneur et
du contentement, ny ayant prince, seigneur, ny personnage
de si grande estoffe ou fortune, qui n'ait affaire du conseil et
de l'assistance de l'aduocat en ses plus importantes affaires,
et non-seulement pour la conseruation de ses biens tem-
porels, mais aussi de son honneur et quelquefois de sa
propre personne; vous exhortant surtout à servir de deffense
aux innocents, aux veufves et aux orphelins, contre l'oppres-
sion des plus puissans, selon le commandement de Dieu.
Enfin vous deuez tous vous efforcer de conseruer à nostre ordre
le rang et l'honneur que nos ancestres luy ont acquis par leurs
mérites et par leurs trauaux, pour le rendre à vos succes-
seurs. »

Paroles consolantes, qui nous donnent un préservatif contre les souffrances morales, que peuvent produire les pensées de découragement dont nous parlions tout à l'heure.
En effet, quels que soient les hommes, destinés à grossir la

foule ou à s'élever au-dessus d'elle, ils peuvent et doivent
tous concourir à un même but : celui d'enrichir le patrimoine
laissé par leurs devanciers. Si chacun de nous accomplissait
individuellement ce devoir, les générations s'améliorant et se
transformant sans cesse, l'humanité obéirait à cette grande
loi du progrès social qu'on lui rappelle si souvent, sans lui
indiquer toujours les moyens de la suivre. Pasquier nous
propose les plus sûrs, et peut-être serait-il intéressant de se
demander si le barreau les a mis en pratique. Les dernières
paroles qui furent prononcées chez lui étaient-elles une pro-
phétie, un pressentiment? Ces avocats du xvi° siècle, avaient-
ils entrevu cette aurore nouvelle qui promettait à l'éloquence
judiciaire des jours éclatants, à la magistrature des rayonne-
ments incomparables, à la France une ère lumineuse? « Un
« jour pourra venir » disait Loysel « auquel quelques-uns,
« reprenant nos devis, les commençans par vous (Pasquier),
« comme par nostre doyen, et continuens jusques à leur
« temps, nommeront ceux qui viuent à présent, qui, à mon
« advis, ne le cèdent en rien à leurs devanciers, soit en
« sçauoir ou doctrine profonde de droict et des bonnes lettres,
« connaissance et intelligence des langues et de l'antiquité,
« soit en mémoire, en fermeté de iugement et résolution, en
« inuentions, pureté de langage, éloquence, action, ou
« quelque autre partie qu'on puisse recueillir en l'Aduocat,
« ie prie Dieu aussi que ce soit en prud'hommie et fidélité. »
Ce vœu a-t-il été exaucé? Chacun de nos lecteurs peut se
poser cette question, il ne nous appartient pas de l'agiter et
d'y répondre. C'est à peine si nous avons eu le temps d'ef-
fleurer quelques-unes des nombreuses réflexions que peut
inspirer l'œuvre de Loysel. On pourrait l'étudier encore à bien
des points de vues. Que de traits de mœurs n'y relèverait-on
pas? Pourquoi ces hommes qui avaient été mêlés, comme
témoins ou comme acteurs, aux scènes les plus dramatiques
de notre histoire semblent ils s'être imposé la loi de ne

jamais y faire une allusion ou un retour? Pourquoi ce silence absolu sur les causes criminelles où l'avocat trouve pourtant ses plus beaux triomphes? Après avoir essayé de résoudre ces problèmes, on recueillerait encore une foule de détails historiques, de traits d'érudition, d'observations philologiques ou littéraires. Mais le temps nous presse, la nuit est venue de nouveau, et nous entendons les interlocuteurs de Pasquier remerciant leur hôte, puis prenant congé de lui pour rentrer assez tard en leur maison.

Et nous, aussi, remercions Loysel de nous avoir initiés à ces entretiens. Peut-être nous reprochera-t-on de nous être attardé à les suivre; mais on a du regret à quitter si bonne compagnie. Que nos lecteurs en fassent l'expérience : si l'étendue relative de cette étude peut engager quelques-uns d'entre eux à renouer ou à faire connaissance avec le Dialogue des Avocats, peut-être après cette lecture reconfortante, nous pardonneront-ils d'en avoir si longuement parlé.

PARIS. IMP. Vᵉ GOUPY ET Cⁱᵉ, RUE GARANCIÈRE, 5

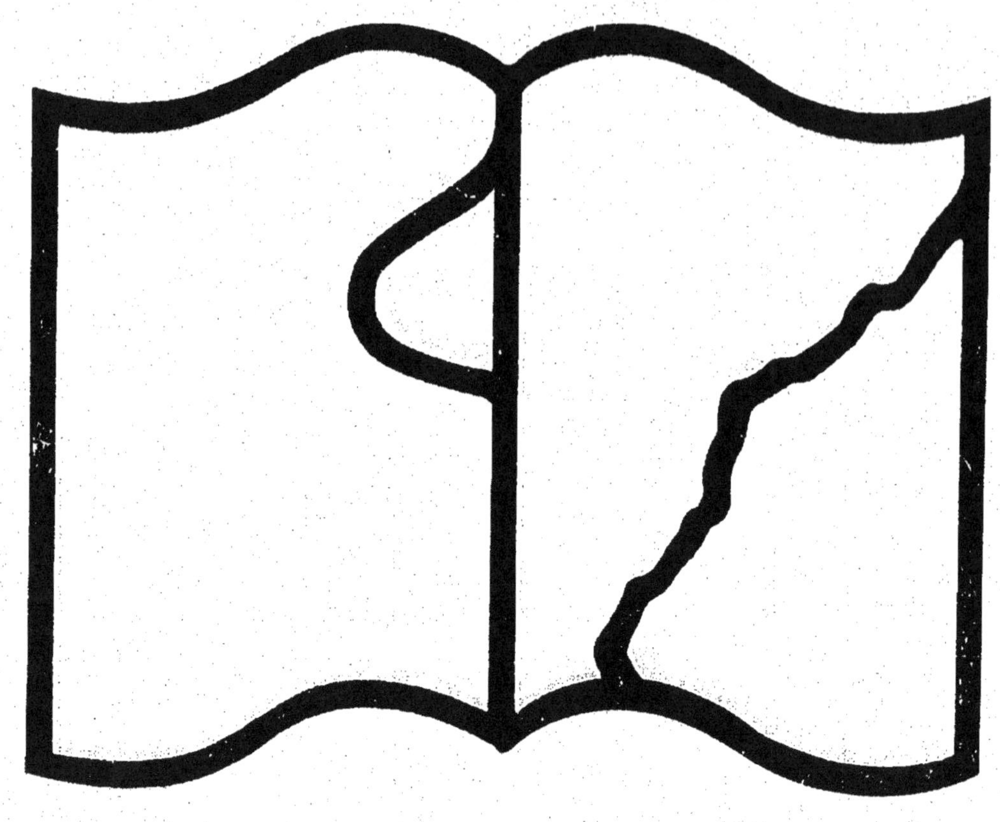

Texte détérioré — reliure défectueuse

NF Z 43-120-11

Contraste insuffisant

NF Z 43-120-14